Ursula Lauster

SPIELE

Diktatspiele

für die 4. Klasse

Lentz

Inhalt

Liebe Eltern, liebe Lehrer,

wenn der Lehrstoff in lustigen, abwechslungsreichen Aufgaben vermittelt wird, lernen Kinder gerne, denn Diktate schreiben muss keine Quälerei sein – und Lernen kann Spaß machen. In diesem Heft finden Sie Spielaufgaben, die gezielt und ohne Leistungsdruck den Unterrichtsstoff der **4. Klasse** behandeln. Angst vor Diktaten kann so spielerisch abgebaut werden, Rechtschreibkenntnisse werden spielerisch gefördert.

Da die Lösungen aller Aufgaben am Ende des Heftes stehen, kann Ihr Kind selbstständig arbeiten. So sieht es seine Fortschritte und gewinnt an Sicherheit und Selbstvertrauen. Sie sollten jedoch zwischendurch die Lösungen überprüfen, damit sich keine Fehler festsetzen. Falls Sie einen entdecken, lassen Sie das Kind den Fehler selbst verbessern. Nicht mit Kritik, sondern mit Lob und Interesse fördern Sie Ihr Kind am besten. Und zwingen Sie es nicht zum Weitermachen, wenn es keine Lust mehr hat. Denken Sie immer daran – Lernen und Spielen gehören zusammen.

Ich hoffe, diese Diktatspiele machen Ihrem Kind ebenso viel Spaß wie meinen Schülern.

Und nun – viel Erfolg!
Ihre

Ursula Lauster

Illustrationen: Ursula Lauster
Umschlaggestaltung: eStudio Calamar, Spanien

Entspricht den Regeln der reformierten Rechtschreibung
ISBN 3-88010-725-4
Lektorat: Daniela Dietz, Kathrin Schmidt
Satz: Walter Typografie & Grafik, Würzburg
Druck: Jos. C. Huber, Dießen
Printed in Germany
Gedruckt auf chlorfrei gebleichtem Papier

Hallo, du – wie heißt du?

Liebe(r) ______________,

schreibe deinen Namen auf die Linie. Dieses Heft gehört nur dir. Es ist dein ganz persönliches Diktatspielbuch.

In den vielen Spielen dieses Heftes lernst du, ohne es zu merken. So macht das Lernen Spaß – und du, liebe(r) ______________, spielst doch gerne.
Wenn du zuerst nur mit dem Bleistift schreibst, kannst du alles, was falsch ist, einfach wegradieren.

Minka mag Buchstabenrätsel. Sie ist eine besonders clevere Katze und führt dich durch alle Spiele in diesem Heft. Sie möchte dir Tipps geben, wie du die Aufgaben am besten lösen kannst. Hier ist schon ihr erster: „**Wörter mit diesem Zeichen** ✎ sind echt knifflig. Du solltest sie besonders gut üben. Lass sie dir von jemandem diktieren oder buchstabiere sie mit geschlossenen Augen. Miau!“

Ich wünsche dir viel, viel Spaß bei den Spielen.

Wichtige Begriffe in diesem Heft:

Begriff	*Beispiel*
Substantiv (= Namenwort, Nomen)	Sonne
Artikel (= Begleiter, Geschlechtswort)	der, die, das ein, eine …
Verb (= Tätigkeitswort, Tunwort)	lachen
Adjektiv (= Eigenschaftswort, Wiewort)	groß
Vokal (= Selbstlaut)	a, e, i, o, u
Konsonant (= Mitlaut)	b, c, d, f, g …
Diphthong (= Umlaut)	ä, ö, ü
Singular/Plural (= Einzahl/Mehrzahl)	das Haus die Häuser

Das ABC

Verbinde die Buchstaben des ABC in alphabetischer Reihe. Schreibe die fehlenden Buchstaben neben die Punkte. Gehe das Alphabet dreimal durch.

Kennst du den Namen des Vogels, den du gezeichnet hast? Schreibe ihn hier auf. Es ist ein

____

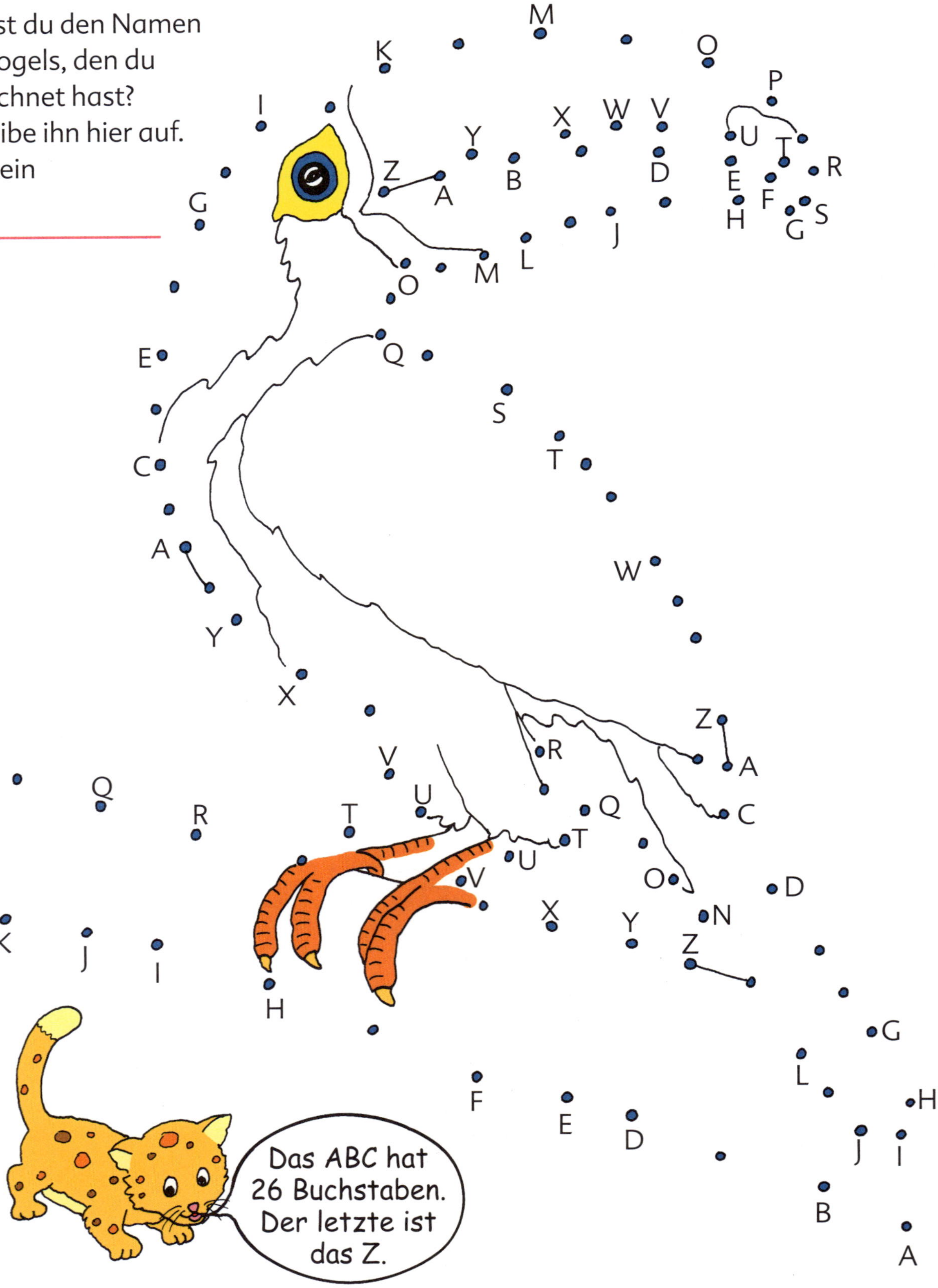

Zusammengesetzte Substantive

Gesucht werden zusammengesetzte Substantive (Namenwörter) mit Kopf...
Die Buchstaben des zweiten Teils sind durcheinander geraten. Setze die Buchstaben richtig zusammen und schreibe das Wort auf.

das *Kopf*enkssi

____

der mrezsch

____

der tsand

____

der spnugr

____

der tlasa

____

die wscheä

____

Bilde die richtige Zusammensetzung mit Kleid... am Anfang des Wortes und ...kleid am Wortende und schreibe die Begleiter (der, die, das) dazu.

___ Hochzeits________

___ Modell________

___

________motte

___ Umstands________

___ Cocktail________

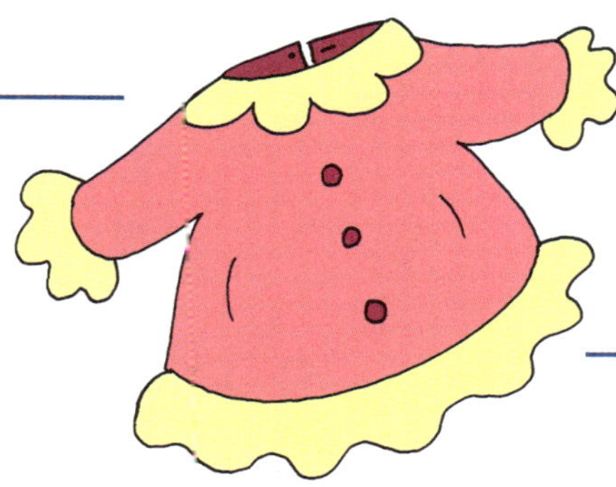

___ ________bügel

___

________schrank

___ Abend______

___ ________haken

___ ________ständer

Zusammengesetzte Substantive

Gehört der Wortteil zu Hand… oder Fuß…? Schreibe das entsprechende Wort vor die Wortteile. Zwei Wortteile passen zu beidem. Kreuze sie an. Schreibe die Zusammensetzungen auf die Linien im entsprechenden Bild.

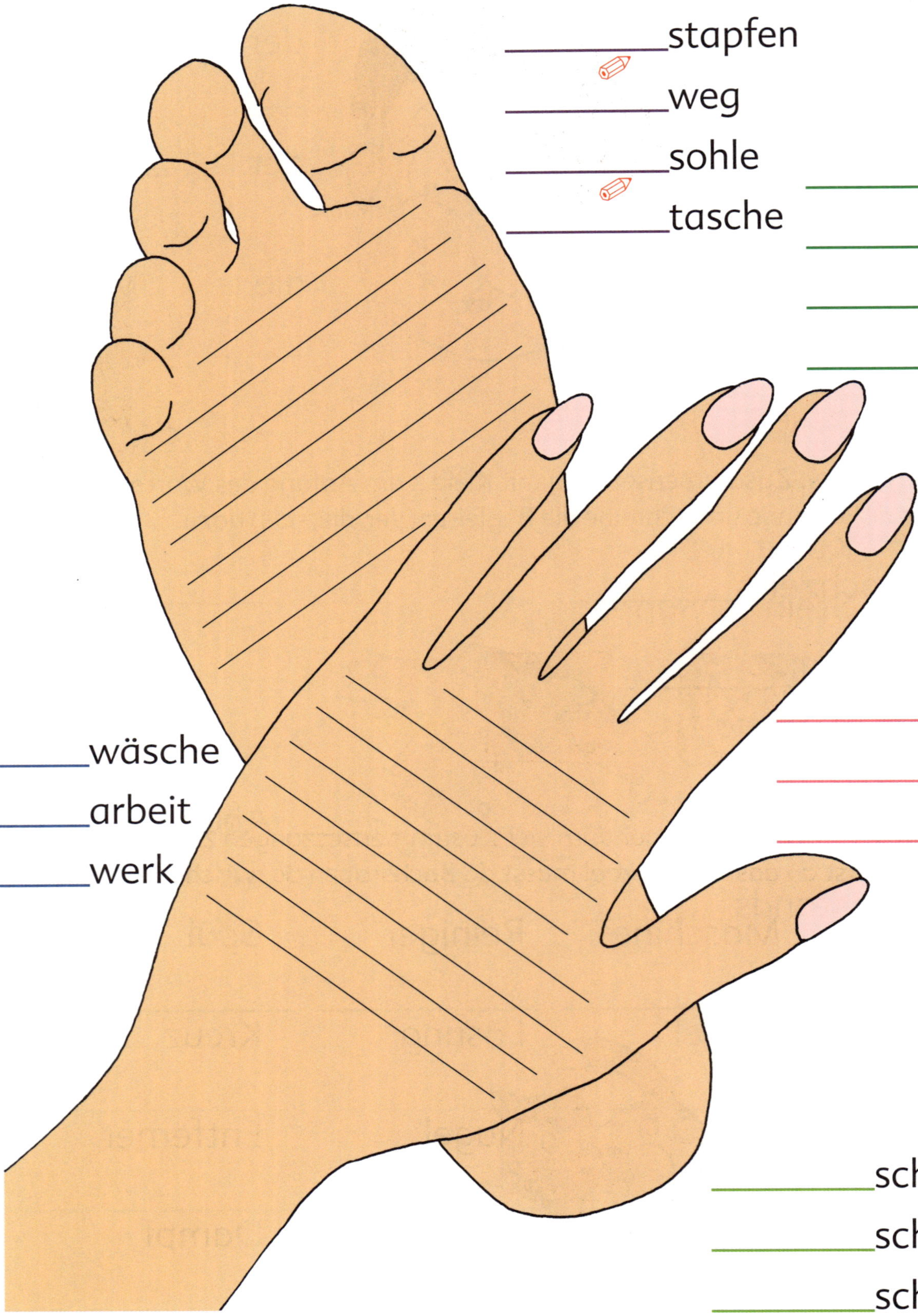

__________stapfen

__________weg

__________sohle

__________tasche

__________kuss

__________schuh

__________pilz

__________gänger

__________wäsche

__________arbeit

__________werk

__________boden

__________ball

__________gepäck

__________schellen

__________schlag

__________schrift

Zusammengesetzte Substantive

Setze jeweils drei Wörter zu einem Namenwort zusammen. Zusammengesetzte Substantive schreibst du groß und in einem Wort.

  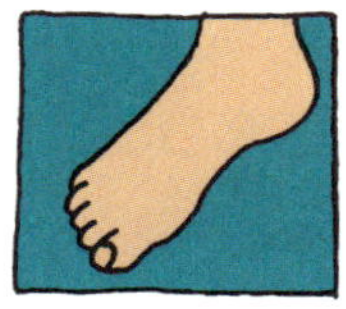 der ______________________

Band	Uhr	Arm	______________________
Hof	Haupt	Bahn	______________________
Wagen	Kraft	Last	______________________
Brücke	Bahn	Auto	______________________
Tür	Schloss	Haus	______________________
Papier	Brot	Butter	______________________
Schutz	Verein	Tier	______________________
Lauf	Kunst	Eis	______________________
Pilz	Stein	Suppe	______________________

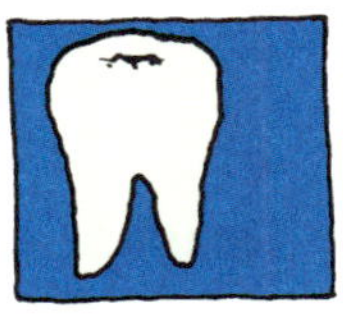   ______________________

Jetzt wird es schwieriger. Es geht um vier Zusammensetzungen zu einem Wort. Schaffst du das? Manchmal musst du Buchstaben dazwischensetzen.

Geschirr	Maschine	Reiniger	Spül
Wort	Rätsel	Lösung	Kreuz
Flasche	Lack	Nagel	Entferner
Bügel	Eisen	Schnur	Dampf

Adjektive bilden

Aus jedem Vergleich kannst du ein Adjektiv (Eigenschaftswort) bilden, das den Vergleich kürzer ausdrückt.

rot wie ein Krebs — krebsr

gelb wie die Sonne ______

blass wie eine Leiche ______

klar wie Kristall ______

nackt wie ein (geschorener) Pudel ______

trocken wie Staub ______

blau wie ein Veilchen ______

frei wie ein Vogel ______

gerade wie eine Kerze ______

Suche zu den Wortbeschreibungen das passende Eigenschaftswort. Du hängst die Silbe -los an das Substantiv (Namenwort). Schreibe die Wörter auf die Linien.

ohne Ende	endlos	ohne Pause	______
ohne Lust	______	ohne Fehler	______
ohne Kraft	______	ohne Mut	______
ohne Zeit	______	ohne Gedanken	______
ohne Farbe	______	ohne Grenze	______
ohne Schutz	______	ohne Maß	______
ohne Nutzen	______	ohne Verständnis	______

Adjektive bilden

Bilde das gegensätzliche Adjektiv, indem du die Silbe un... davor setzt. Schreibe die neuen Wörter aus den Blumen auf die Linien.

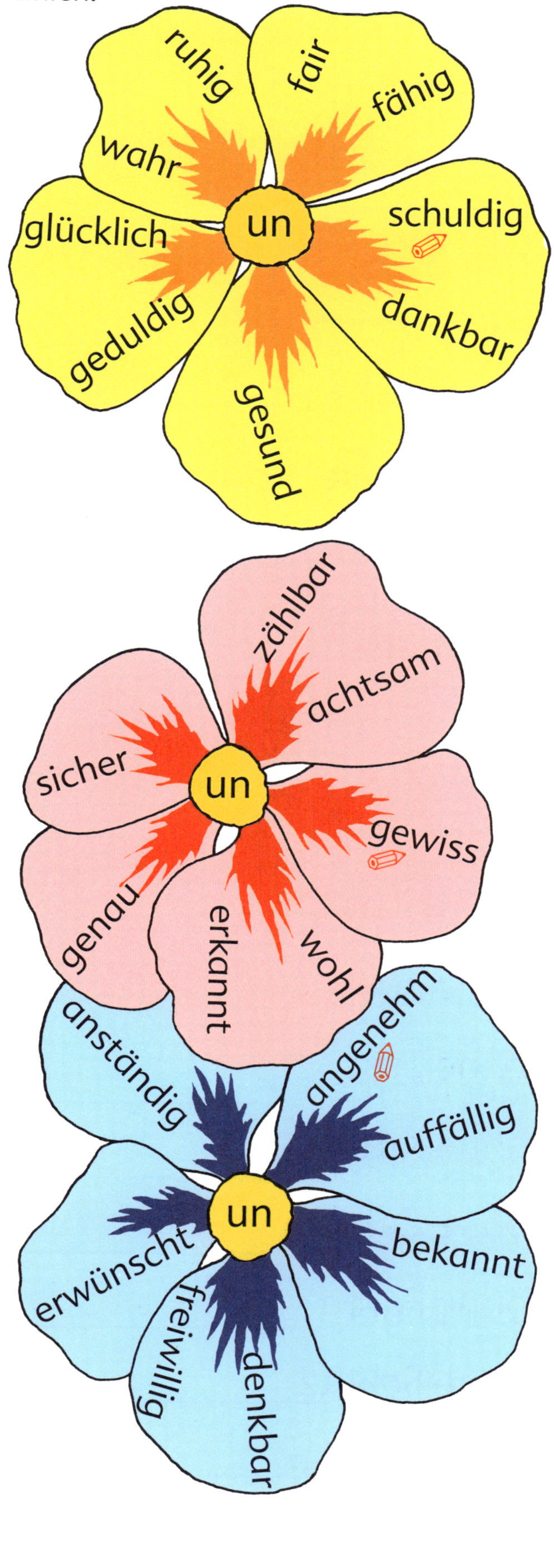

Gegensätze

Das ist ein Malspiel, bei dem es um gegensätzliche Wiewörter (Adjektive) geht. Zeichne die Bilder in ihrem entgegengesetzten Zustand in die Kästchen. Schreibe das gegensätzliche Adjektiv auf.

Die  ist heiß. Die ☐ ist ______

Das  ist leer. Das ☐ ist ______

Die 

ist falsch. Die ☐ ist ______

Der  ist traurig. Der ☐ ist ______

Der  ist sauber. Der ☐ ist ______

Die  ist gerade. Die ☐ ist ______

Das 

ist gut. Das ☐ ist ______

Suche den Gegensatz zu diesen Wörtern. Schreibe ihn auf.

der Morgen ______ die Freude ______

der Feind ______ die Krankheit ______

der Feigling ______ der Tag ______

der Engel ______ liegen ______

die Hitze ______ reden ______

lachen ______ nehmen ______

Erstes Bilddiktat

Bei jedem Bilddiktat gibt es Punkte: einen Punkt für das Erraten des Bildes und einen Punkt für das richtige Schreiben. Das sind pro Bild zwei Punkte. Du erkennst sicher, was Minka macht. Schreibe die Tätigkeitswörter (Verben) auf die Linien.

Hier trägst du immer deine Punkte ein. Punkte im ersten Bilddiktat:

Wörter mit eu und äu

Angelique IIII
Joanna I
Max IIII

Welche Wörter gehören zusammen? Suche in de …
Wort. Gib ihm die Ziffer des ersten Wortes. Sch …

1 das Gebäude	__________	◯	glauben
2 die Bäuerin	__________	◯	der Raum
3 das Geräusch	__________	◯	die Mäuse
4 der Gläubige	__________	◯	bauen
5 eingezäunt	__________	◯	die Faust
6 das Gemäuer	__________	◯	rausch
7 aufgeräumt	__________	◯	der Zaun
8 die Fäustlinge	__________	◯	der Bauer

Setze in den Sätzen die fehlenden Wörter mit äu und eu ein. Lasse den Text von einem Erwachsenen überprüfen.

Heu	Bäuerin	Scheune	Ackergäule

Die __________ geht in die __________ und holt ein großes Bündel __________ für die hungrigen __________.

abenteuerlich	✏ Leute	Häusern	Zigeuner

Viele __________ finden es __________, dass die __________ im Wohnwagen herumziehen und nicht in __________ an einem festen Platz wohnen wollen.

Gemäuer	Fledermäuse	Beutejagd	Säugetiere

__________ sind __________, die tagsüber in alten Türmen oder verfallenem __________ schlafen und nachts auf __________ gehen.

träume	heulen	Ungeheuer	✏ scheußlich	Gebäude

Manchmal __________ ich von einem __________, das in einem riesigen, dunklen __________ lebt und um Mitternacht ganz __________ zu __________ beginnt.

Wörter mit eu und äu

Was ist hier abgebildet? Diese Wörter schreibt man mit eu.

eu oder äu?

Wenn du entscheiden willst, ob man ein Wort mit eu oder äu schreibt, suche ein verwandtes Wort. Findest du eines mit au, kannst du sicher sein, dass in die Ableitung ein äu gehört.

Die Sch___ne	das Z___gnis	die B___me
die L___te	die Str___cher	die B___te
verb___lt	vertr___mt	ber___en
s___fzen	l___chten	l___ten
die Fr___de	die B___che	die Tr___e
die H___ser	die Schl___der	der B___tel
b___gen	s___bern	h___cheln
r___mlich	nageln___	sch___ßlich

Schreibe die Zahlen als Wort auf die Linie.

9 ___

99 ___

999 ___

9999 ___

99999 ___

Rätselwörter mit Pf

Rate diese 14 Namenwörter. Sie beginnen mit Pf... Schreibe sie in die Kästchen.

- ein Vogel, der mit dem Schwanz ein Rad schlagen kann
- Stab mit Spitze, der mit dem Bogen geschossen wird
- kurzer, schriller Ton, der durch Pfeifen entsteht
- größeres Reittier oder Zugtier
- Tierfuß, zum Beispiel von Hund und Katze
- kleine Wasserlache auf dem Boden
- flacher Behälter zum Braten
- Pastor, Geistlicher
- eine meist blaue Steinfrucht
- in den Boden gerammte Stange, an der etwas befestigt werden kann
- ein Gewürz, bei dem man niesen muss
- eine größere orangefarbige, saftige Frucht mit Stein
- klebt man zum Schutz von Wunden auf die Haut
- gebackener Teig aus Eiern, Mehl, Zucker und Milch

F und Pf unterscheiden

Erkennst du die beiden Tiere? Zu jedem Bild gibt es zehn Zusammensetzungen. Eine davon ist falsch. Sie gehört zum anderen Tier. Kreuze sie an. Schreibe die zusammengesetzten Substantive (Namenwörter) auf.

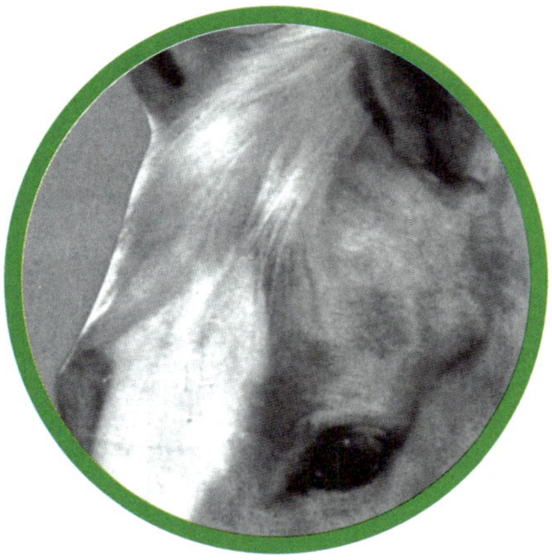

________maul	Raub________
Gold________	________suppe
________flosse	Silber________
________mähne	Zier________
________teich	Speise________

________stall	Reit________
Spring________	________schwanz
________rücken	________zucht
Wild________	________rasse
________kiemen	Renn________

Suche zu den Substantiven mit F oder Pf das verwandte Tätigkeitswort. Schreibe es auf.

Pfeife	____________	Feile	____________
Pflaster	____________	Pfeffer	____________
Fieber	____________	Pflege	____________
Futter	____________	Flöte	____________
Pflug	____________	Pflanze	____________
Feier	____________	Pfand	____________
Pflücker	____________	Fahrt	____________

Silbenrätsel zum kurzen i

Setze die Silben zu dem Rätselwort mit kurzem i zusammen. Streiche die benutzten Silben durch. Schreibe die Wörter auf.

Ap–di–di–fe–fee–fel–ga–Gar–ger–i–Ka–Kaf–kop–kros–La–ma–Mar–Me–Mi–min–ne–ne–ne–ne–ne–nen–nen–ri–Ro–Ru–schi–si–si–wi–zin

elektrisches Gerät zum Kaffee kochen ____________________

als Brotaufstrich verwendetes Fett ____________________

ein anderes Wort für Orange ____________________

ein Heilmittel, das der Patient einnimmt ____________________

getrocknete Weintrauben ____________________

eine Schneemasse, die ins Tal stürzt ____________________

Vorhänge aus Stoff für die Fenster ____________________

verfallene Reste einer alten Burg ____________________

ein anderes Wort für Schornsteinfeger ____________________

ein optisches Gerät zum Vergrößern ____________________

Zweites Bilddiktat

Das sind neun Wörter mit kurzem i, die oft falsch geschrieben werden.
Du machst es sicher richtig, stimmt's?

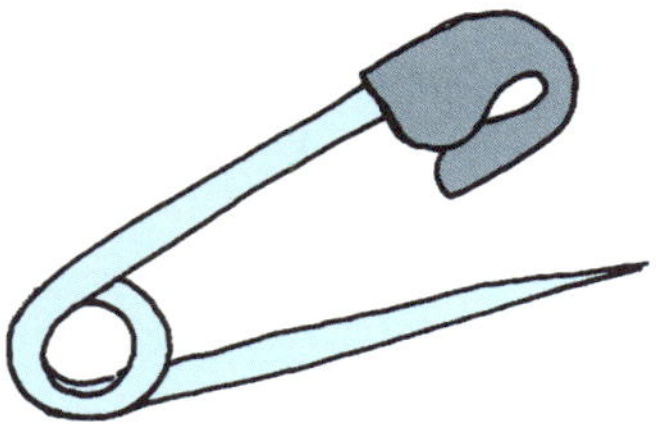

Meine Punktzahl
im zweiten Bilddiktat: Punkte

Gesamtpunkte:

Wörter mit langem ie

Setze die Wörter mit langem ie zusammen. Schreibe sie auf.

schw
neug
fr
bel
sch
qu

rig
rig
dlich
bt
len
ken

Schreibe die Reimwörter zu den Bildern auf.

Fl_____	Sp_____	Pa_____
Z_____	S_____	Kla_____
W_____	Z_____	Passag_____

Suche die Reimwörter zu diesen Wörtern mit langem ie.

fliehen	fliegen	kriechen
z_____	schm_____	r_____
friedlich	schielen	Kiesel
n_____	sp_____	D_____
sieben	beliebig	Kiefer
l_____	erg_____	Sch_____
schief	zufrieden	Kiemen
t_____	versch_____	R_____

d und t am Wortende

Suche zu den Bildern die Namenwörter. Schreibe sie in der Einzahl und in der Mehrzahl auf.

das K ______________
die ______________

der ______________
die ______________

der ______________
die ______________

das ______________
die ______________

der ______________
die ______________

das ______________
die ______________

der ______________
die ______________

das ______________
die ______________

das ______________
die ______________

Drittes Bilddiktat

Die Tätigkeit der Kinder besteht aus zwei Wörtern, einem Substantiv und einem Verb (Tunwort). Schreibe sie auf.

Meine Punktzahl
im dritten Bilddiktat: Punkte

Gesamtpunkte:

Der kleine Fuchs ist mit schmutzigen Pfoten über das Papier gelaufen. Erkennst du die Wörter trotzdem? Sie haben alle ein Dehnungs-h. Schreibe sie unten auf die Linien.

verzeih erziehen ehen hren

Bohne hnung ler Wahnsinn

Bahnhof hren leihen besohl

Reihe leihen hohl kahl Kohlkopf

Kahn belehr ehrli gefäh ch

erw nnen be ehren Wühl aus

ahne

Le er

Doppelte Konsonanten

Wie heißen diese drei Tiere? In jedem Tiernamen stecken zwei doppelte Konsonanten (Mitlaute). Schreibe sie in die Lücke und den Namen noch einmal ganz auf die Linie.

Wa____erbü____el

____

Brü____a____e

____

We____ensi____ich

____

Welches Tier gehört in den Satz? Errätst du es? Schreibe es hinein.

Brillenschlange Collie Gorilla Grille Hornisse Hummelkolibri Kaulquappe Klapperschlange Kreuzotter Mäusebussard Nachtigall Schmetterling

Der ______________________ ist ein schottischer Schäferhund.

Der größte Menschenaffe ist der ______________________.

Die ______________________ fliegt im Zickzackflug und brummt laut.

Auch nachts singt die ______________________ in weichen, vollen Tönen.

Aus der ______________________ wird ein kleiner Frosch.

Die ______________________ hat eine Rassel am Schwanzende.

Der kleine ______________________ wiegt weniger als zwei Gramm.

Die ______________________ ist eine Giftschlange, die auch bei uns lebt.

Die giftige ______________________ kann ihre Halsrippen spreizen.

Da er hauptsächlich Mäuse frisst, wird er ______________________ genannt.

Beim Sitzen faltet der ______________________ seine Flügel zusammen.

Die ______________________ ist eine Heuschrecke, die in Erdlöchern lebt.

Das ck-Gedicht

Schreibe die fehlenden ck in die Wörter. Lies das Gedicht am Schluss laut vor.

Ein Hahn ist ein Go___el und Glu___en sind Hennen.
Den Ziegenbo___ kannst du am Me___ern erkennen.
Ein ✏Dampfer versinkt mit 'nem Le___ an De___,
als ✏Wra___ geht er unter, mitsamt
dem Gepä___.
Der Di___kopf hat einen di___en Kopf.
Zu jedem De___el gehört ein Topf.
Omas mit Ni___elbrillen stri___en
Ja___en und So___en und sti___en
Blümchen auf Rö___e
oder De___en.
In dichten He___en
leben Ze___en.
Ein wütendes Lama bü___t sich
und spu___t.
Wer getroffen wird, hat sich
zu spät gedu___t.
Kna___iges ✏Knä___ebrot bröselt
und kna___t.
Die braune A___erschne___e ist na___t.
Zahnbrü___en wa___eln und We___er
we___en.
Dachde___er müssen Dächer de___en.
Ein Pa___er pa___t Pä___chen
in Pa___papier.
In der E___e steht ein la___iertes
Klavier.
Die brennende Fa___el
fla___ert und zu___t
und jeder weiß, dass ein ✏Mü___enstich ju___t.
Jungen wollen Bälle ki___en,
doch nie kaputte Räder fli___en.
Der Dru___er dru___t Bilder, Stü___ für Stü___.
Der Schre___ lässt einen Scho___ zurü___.
Der Hase läuft auf dem A___er Zi___za___
und ich hör' jetzt auf mit diesem Hi___ha___.

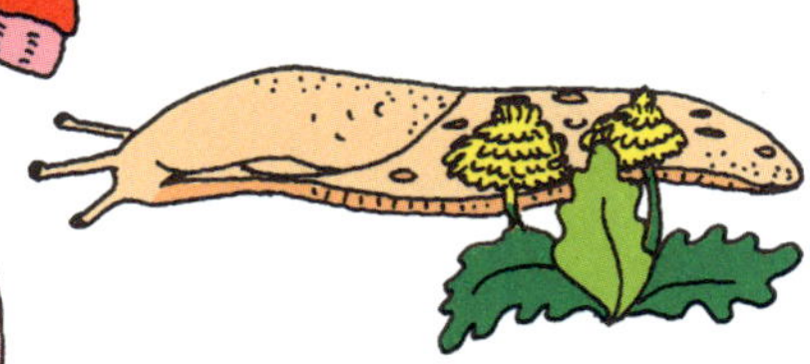

Comic-Sprache in Verben umwandeln

In Comics drücken bestimmte Wörtchen oder Laute eine Tätigkeit aus. Was ist hier gemeint? Suche zu jedem Ausdruck ein Tätigkeitswort. Schreibe es auf die Linien.

Comic-Sprache in Verben umwandeln

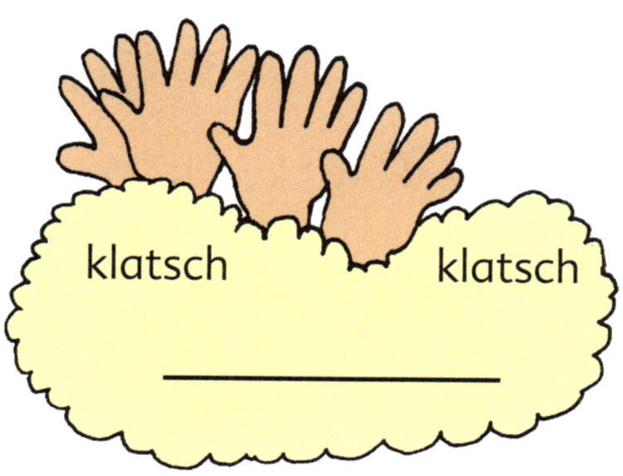

Welches Tier verbirgt sich hier?

wau wau	______	muh muh	______
miau miau	______	grunz grunz	______
kikeriki	______	ia ia ia	______
mäh mäh	______	summ summ	______
gurr gurr	______	brumm brumm	______

Viertes Bilddiktat

Du siehst nur einen Ausschnitt des zusammengesetzten Substantivs. Erkennst du die Dinge? Schreibe sie auf.

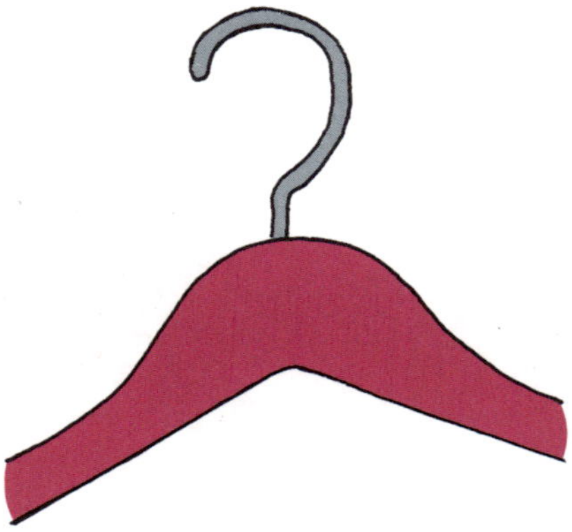

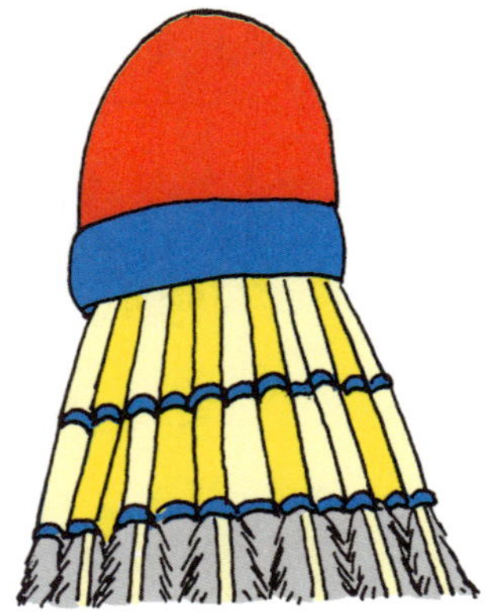

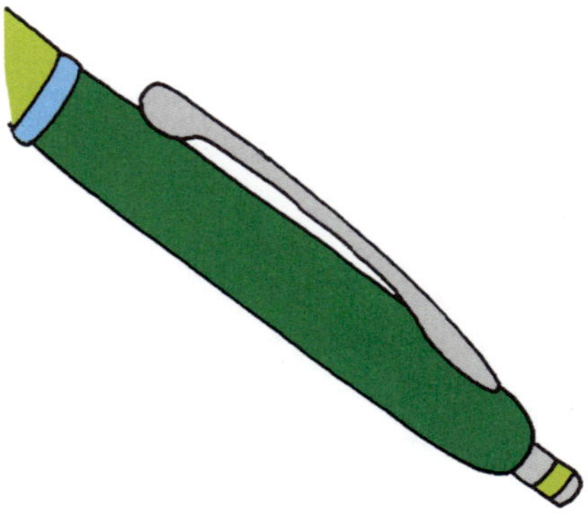

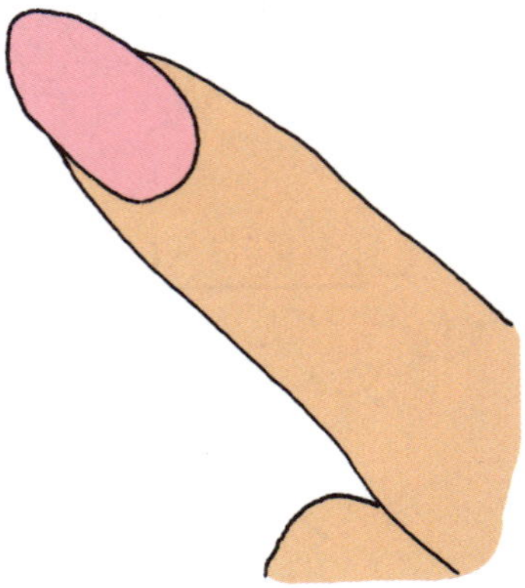

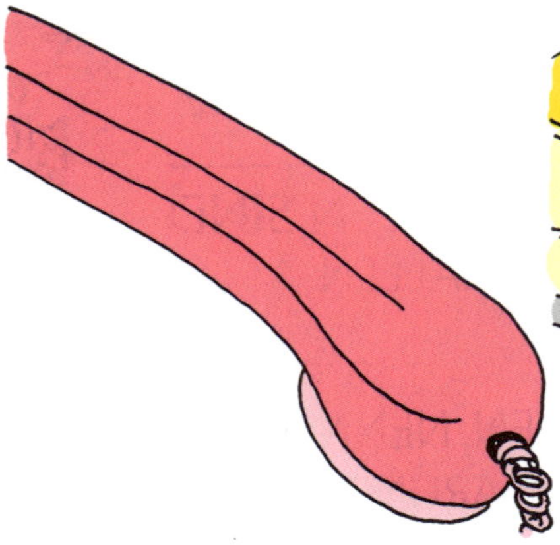

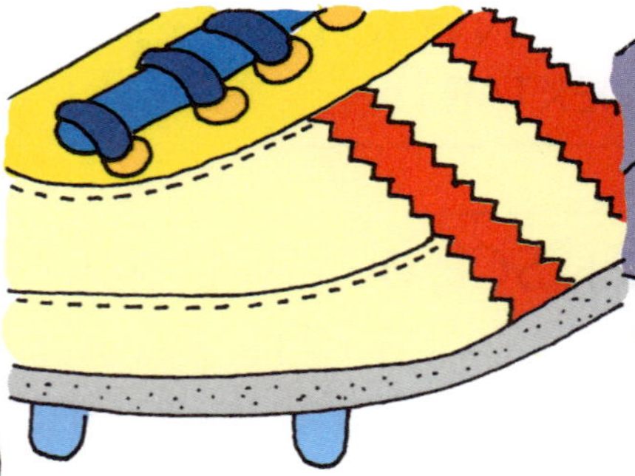

Meine Punktzahl im vierten Bilddiktat: ____ Punkte

Gesamtpunkte: ____

Tierrätsel knacken

Zu jeder Frage gibt es drei Antworten. Nur eine ist richtig. Kreuze sie an. Schreibe die Quizfragen mit der Antwort in der richtigen Groß- und Kleinschreibung auf die Linien.

1. DAS KÄNGURU UND DER KOALA SIND
A) HUFTIERE   B) REPTILIEN   C) BEUTELTIERE

2. DIE EIER VON FISCHEN UND FRÖSCHEN NENNT MAN
A) LAICH   B) GELEE   C) KIEMEN

3. SCHIMPANSE, ORANG-UTAN UND GORILLA SIND
A) BRÜLLAFFEN   B) PAVIANE   C) MENSCHENAFFEN

4. DER HÖCHSTE BERG DER ALPEN IST DER
A) MOUNT EVEREST   B) MONTBLANC   C) FELDBERG

5. TOLLKIRSCHE, SEIDELBAST UND MAIGLÖCKCHEN SIND
A) GIFTPFLANZEN   B) FRÜHLINGSBLUMEN   C) LAUBBÄUME

6. DER ABGEGRENZTE WOHNBEREICH EINES TIERES IST
A) SEIN REVIER   B) SEIN NISTPLATZ   C) SEIN NEST

7. DER SÜSSE SAFT IN DEN BLÜTENKELCHEN HEISST
A) HONIG   B) NEKTAR   C) ZUCKER

8. WINZIGE IM WASSER SCHWIMMENDE PFLANZEN SIND
A) ALGEN   B) SEEANEMONEN   C) KORALLEN

9. DIE ART, WIE TIERE SICH VOR FEINDEN SCHÜTZEN, NENNT MAN
A) WINTERSTARRE   B) TARNUNG   C) PAARUNG

10. IGEL, FLEDERMAUS UND MURMELTIER SIND
A) REPTILIEN   B) WINTERSCHLÄFER   C) HEIMTIERE

chs oder x?

In jeder Reihe stecken Wörter mit x. Unterstreiche sie und schreibe sie auf. Denke an die Regeln der Groß- und Kleinschreibung. Suche dann alle Wörter mit chs und chz und unterstreiche sie in einer anderen Farbe. Wie viele findest du?

abreixächzenxerschweinshaxegraxwechselnboxen
wachstuchuxjauchzenechsekraxelnerxverflixtarx
luchsmixerbüchsenützlichoxfaxgerätdeichselixeri
juxsopraxsaxophonkleckslechzenxlachstuxploxt
eidechseyerxylophoncherxdroxbruxtaxiwexperxie
broxwertxiaxtsoxextradaysxhexefacxkrakelnurx

Suche das Wort mit chs in den Smiley-Gesichtern. Wenn du den Anfangsbuchstaben gefunden hast, geht es im Uhrzeigersinn rechts herum weiter. Schreibe die Wörter auf.

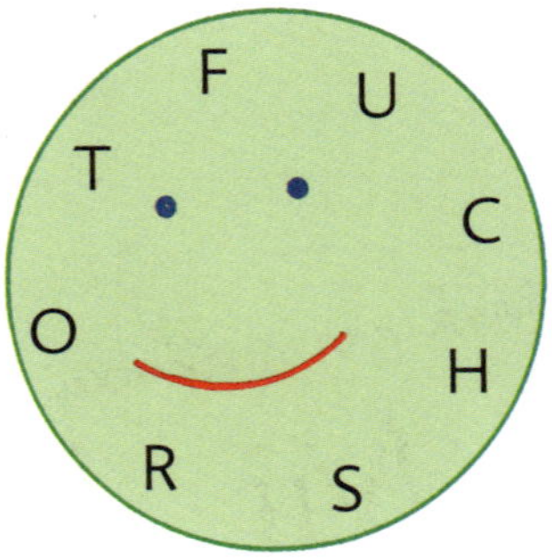

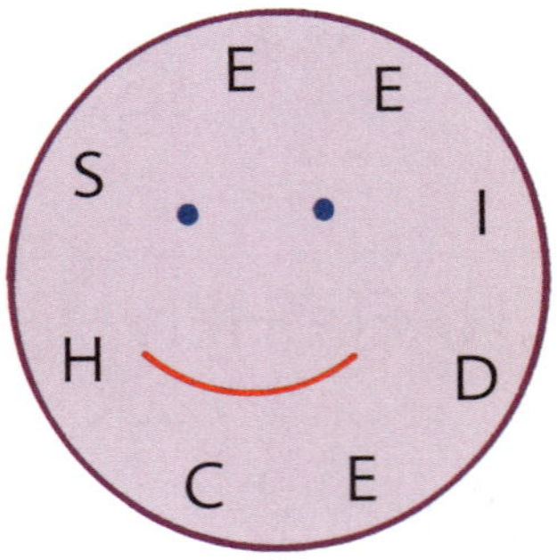

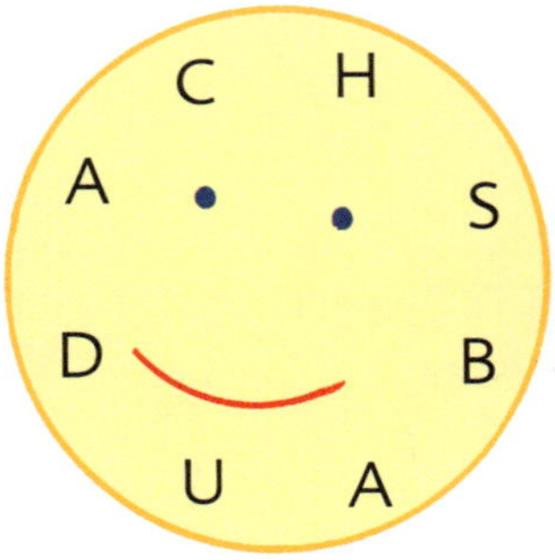

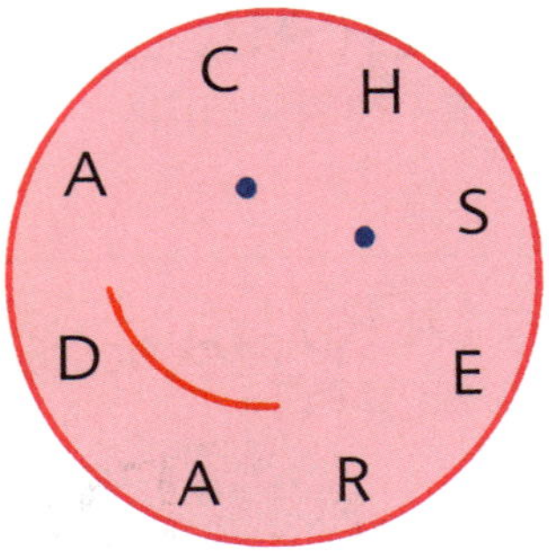

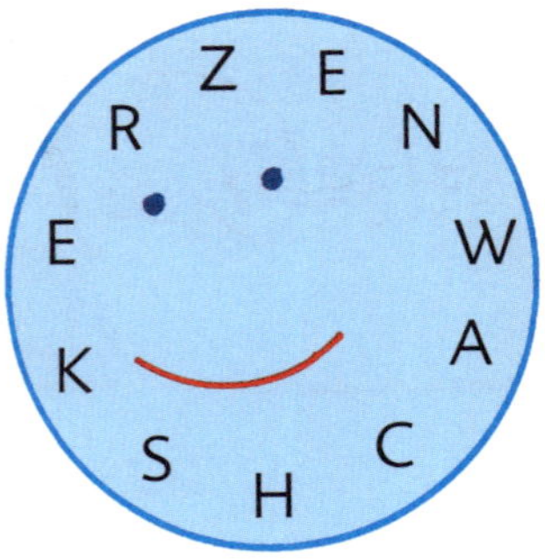

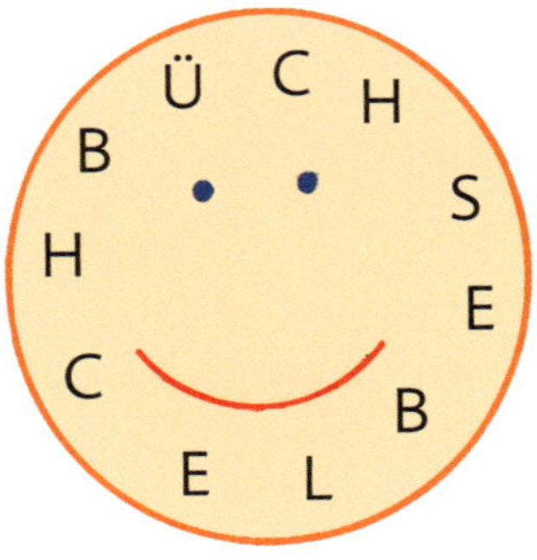

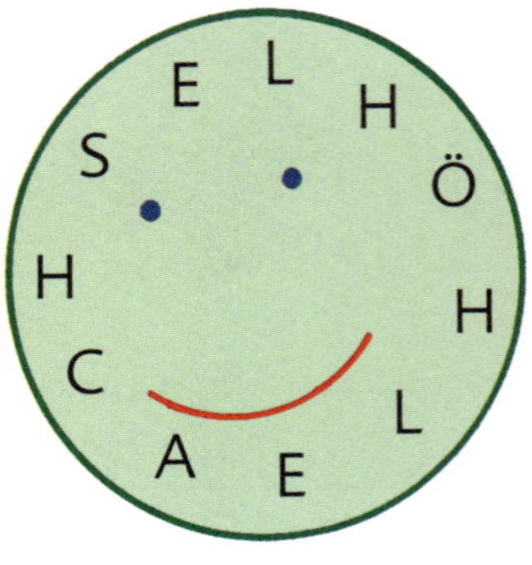

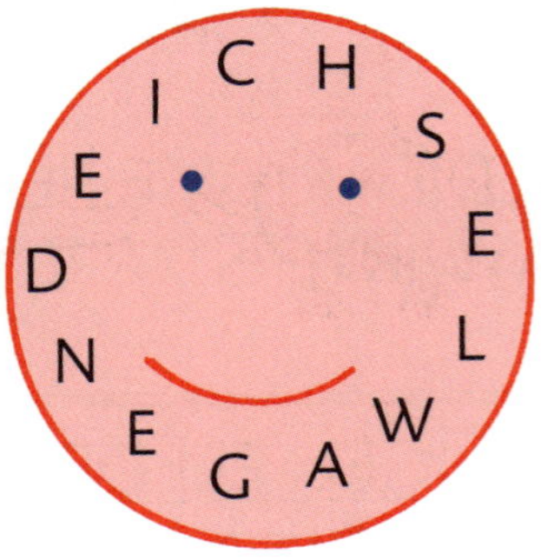

Fünftes Bilddiktat

Schreibe den Tag und den Monatsnamen, die auf den Kalenderblättern stehen, auf: Freitag, der 12. Mai, Samstag, der 3. Juli usw.

Meine Punktzahl im fünften Bilddiktat: ____ Punkte

Gesamtpunkte: ____

Sprichwörter und Redensarten

Setze die Satzteile der Sprichwörter und Redensarten zusammen. Nur ein Teil ist richtig. Kreuze ihn an. Schreibe den Satz auf die Linie.

Wer den Schaden hat, ______________________

Wer anderen eine Grube gräbt, ______________________
a) schaufelt sich sein eigenes Grab. b) freut sich zu spät. c) fällt selbst hinein.

Wer den Pfennig nicht ehrt, ______________________
a) ist menschlich. b) ist den Taler nicht wert. c) kommt nie zu Ruhm.

Wenn zwei sich streiten, ______________________
a) freut sich der Dritte. b) wird es laut. c) freut sich der Anwalt.

Was Hänschen nicht lernt, ______________________
a) weiß Hans schon lang. b) das lernt der Lehrer. c) lernt Hans nimmermehr.

Ein gutes Gewissen ______________________
a) stärkt die Sinne. b) ist ein sanftes Ruhekissen. c) lässt gut schlafen.

Es ist noch kein Meister ______________________
a) in den Himmel gekommen. b) vom Himmel gefallen. c) aus der Erde gekrabbelt.

Eine Schwalbe ______________________
a) macht noch keinen Sommer. b) kommt selten allein. c) fliegt nach Süden.

Viele Köche ______________________
a) kochen köstlich. b) haben viele Rezepte. c) verderben den Brei.

In den Sätzen der Geschichte ist die untere Hälfte abgeschnitten. Schreibe sie vollständig auf die Linien. Wie könnte die Geschichte weitergehen?

Es ist Mitternacht. Du schläfst. Die Turmuhr schlägt zum

zwölften Mal. Da erwacht der Vampir. Lautlos öffnet sich

der Sargdeckel. Die dunkle Gestalt huscht durch das

Friedhofstor. Der Vampir ist durstig. Er braucht

frisches Blut. Er geht durch die

menschenleere Straße. Vor deinem Haus bleibt er

stehen. Er drückt die Türklinke und schleicht durch den

dunklen Hausflur. Leise geht er durch das Zimmer. Nun

steht der Vampir vor deinem Bett. Du schläfst

tief und fest. Der Vampir beugt sich über

dich. Seine Eckzähne blitzen hell auf.

Er lacht schaurig. Durch dieses Lachen

wirst du geweckt.

Lösungen

Spielerische Auswertung der fünf Bilddiktate. Insgesamt waren 90 Punkte zu erreichen. Wie viele hast du?

74 – 90 Punkte	Eine Superleistung! Das hast du toll gemacht!
54 – 73 Punkte	Gut gemacht! Du kannst mit dir zufrieden sein.
42 – 53 Punkte	Könnte doch besser sein, wenn du dich konzentrierst.
30 – 41 Punkte	Bist du zufrieden? Beim nächsten Mal klappt es besser.
unter 30 Punkte	So wenig Punkte? Du musst dich verzählt haben!

Seite 4: Tukan

Seite 5: das Kopfkissen, der Kopfschmerz, der Kopfstand, der Kopfsprung, der Kopfsalat, die Kopfwäsche
das Hochzeitskleid, das Modellkleid, die Kleidermotte, das Umstandskleid, das Cocktailkleid, der Kleiderbügel, der Kleiderschrank, das Abendkleid, der Kleiderhaken, der Kleiderständer.

Seite 6: Fußstapfen, Fußweg, Fußsohle, Handtasche, Handkuss, Handschuh, Fußpilz, Fußgänger, Handwäsche oder Fußwäsche, Handarbeit, Handwerk, Fußboden, Handball oder Fußball, Handgepäck, Handschellen, Handschlag, Handschrift

Seite 7: der Fußballschuh, die Armbanduhr, der Hauptbahnhof, der Lastkraftwagen, die Autobahnbrücke, das Haustürschloss, das Butterbrotpapier, der Tierschutzverein, der Eiskunstlauf, die Steinpilzsuppe, das Löwenzahnblatt / der Geschirrspülmaschinenreiniger, die Kreuzworträtsellösung, die Nagellackentfernerflasche, die Dampfbügeleisenschnur

Seite 8: krebsrot, sonnengelb, leichenblass, kristallklar, pudelnackt, staubtrocken, veilchenblau, vogelfrei, kerzengerade
lustlos, kraftlos, zeitlos, farblos, schutzlos, nutzlos, pausenlos, fehlerlos, mutlos, gedankenlos, grenzenlos, maßlos, verständnislos

Seite 9: unruhig, unwahr, unglücklich, ungeduldig, ungesund, undankbar, unschuldig, unfähig, unfair; unachtsam, unzählbar, unsicher, ungenau, unerkannt, unwohl, ungewiss; unanständig, unerwünscht, undenkbar, unfreiwillig, unbekannt, unauffällig, unangenehm

Seite 10: Die Suppe ist kalt. Das Glas ist voll. Die Rechnung ist richtig. Der Junge ist froh/glücklich. Der Schuh ist schmutzig. Die Straße ist kurvig. Das Diktat ist schlecht.
der Abend, der Freund, der Held, der Teufel, die Kälte, weinen, die Trauer, die Gesundheit, die Nacht, stehen, schweigen, geben

Seite 11: lachen, weinen, schlafen, lesen, schreiben, rechnen, sitzen, liegen, laufen/gehen

Seite 12: Nacheinander muss in den Kreisen stehen: 4, 7, 6, 1, 8, 3, 5, 2.

Seite 13: die Eule, das Kreuz, das Feuer, der Teufel
die Scheune, das Zeugnis, die Bäume, die Leute, die Sträucher, die Beute, verbeult, verträumt, bereuen, seufzen, leuchten, läuten, die Freude, die Bäuche, die Treue, die Häuser, die Schleuder, der Beutel, beugen, säubern, heucheln, räumlich, nagelneu, scheußlich
neun, neunundneunzig, neunhundertneunundneunzig, neuntausendneunhundertneunundneunzig, neunundneunzigtausendneunhundertneunundneunzig

Seite 14: Pfau, Pfeil, Pfiff, Pferd, Pfote, Pfütze, Pfanne, Pfarrer, Pflaume, Pfosten, Pfeffer, Pfirsich, Pflaster, Pfannkuchen

Seite 15: Fischmaul, Raubfisch, Goldfisch, Fischsuppe, Fischflosse, Silberfisch, *Pferdemähne, Zierfisch, Fischteich, Speisefisch
Pferdestall, Reitpferd, Springpferd, Pferdeschwanz, Pferderücken, Pferdezucht, Wildpferd, Pferderasse, *Fischkiemen, Rennpferd
pfeifen, pflastern, fiebern, futtern, pflügen, feiern, pflücken, feilen, pfeffern, pflegen, flöten, pflanzen, pfänden, fahren

Seite 16: Kaffeemaschine, Margarine, Apfelsine, Medizin, Rosinen, Lawine, Gardinen, Ruine, Kaminfeger, Mikroskop

Seite 17: Birne, Fliegenpilz, Zitrone, Spinne, Delfin, Sicherheitsnadel, Tintenfisch, Pinguin, Tiger

Seite 18: schwierig, neugierig, friedlich, beliebt, schielen, quieken
Fliege, Ziege, Wiege; Spiegel, Siegel, Ziegel; Papier, Klavier, Passagier
ziehen, niedlich, lieben, tief, schmiegen, spielen, ergiebig, verschieden, riechen, Diesel, Schiefer, Riemen

Seite 19: das Kind, die Kinder; der Wald, die Wälder; der Mund, die Münder; das Zelt, die Zelte; der Specht, die Spechte; das Fahrrad, die Fahrräder; der Bleistift, die Bleistifte; das Bild, die Bilder; das Schwert, die Schwerter

Seite 20: Schlittschuh oder Eis laufen, Fußball spielen, Rad fahren, Tennis spielen, Ski / Schi fahren oder laufen, Rad schlagen, Federball spielen, Boot fahren, Kopf stehen

Seite 21: verzeihen, erziehen, sehen, ehren, Bohne, Wohnung, Wähler, Wahnsinn, Bahnhof, bohren, leihen, besohlen, Reihe, leihen, hohl, kahl, Kohlkopf, Kahn, belehren, ehrlich, gefährlich, erwähnen, begehren, Wühlmaus, Fahne, Lehrer

Seite 22: Wasserbüffel, Brüllaffe, Wellensittich
Collie, Gorilla, Hornisse, Nachtigall, Kaulquappe, Klapperschlange, Hummelkolibri, Kreuzotter, Brillenschlange, Mäusebussard, Schmetterling, Grille

Seite 24/25: singen, klopfen, flüstern, brennen, niesen, keuchen oder husten, gießen oder schütten, erschrecken, frieren, trinken, rülpsen, essen, zerbrechen, schlafen, riechen, klatschen, lachen oder kichern, klingeln oder läuten, hüpfen, schießen

Seite 25: Hund, Katze, Hahn, Schaf, Taube, Kuh, Schwein, Esel, Biene oder Fliege, Bär

Seite 26: Kleiderbügel, Federball, Kugelschreiber, Armbanduhr, Vorhangstange/Gardinenstange, Fingernagel, Telefonhörer, Fußballschuh, Regenschirm

Seite 27: Richtig ist c), a), c), b), a), a), b), a), b), b)

Seite 28: mit x: Schweinshaxe, boxen, kraxeln, verflixt, Mixer, Faxgerät, Jux, Saxophon, Xylophon, Taxi, Axt, extra, Hexe
mit chs: wechseln, Wachstuch, Echse, Luchs, Büchse, Deichsel, Lachs, Eidechse
mit chz: ächzen, jauchzen, lechzen
Rotfuchs, Eidechse, Dachsbau, Radachse, Kerzenwachs, Blechbüchse, Achselhöhle, Wagendeichsel

Seite 29: Sonntag, der 18. Dezember; Mittwoch, der 3. Mai; Donnerstag, der 24. Oktober; Freitag, der 30. April; Montag, der 19. August; Samstag, der 28. Februar; Dienstag, der 15. September; Sonntag, der 21. Oktober, Mittwoch, der 13. Januar

Seite 30: Richtig heißt es: c), c), b), a), c), b), b), a), c).